I0070601

UNIVERSITÉ DE BORDEAUX

———

INSTITUT PRATIQUE DE DROIT

Annexé à la Faculté de Droit de Bordeaux

———

DISCOURS

Prononcé par Me BRAZIER

BATONNIER DE L'ORDRE DES AVOCATS

A L'OUVERTURE DES COURS DE L'ANNÉE SCOLAIRE 1907-1908

⸺⸺✦⸺⸺

BORDEAUX

Y. CADORET, IMPRIMEUR DE L'UNIVERSITÉ

17, RUE POQUELIN-MOLIÈRE, 17

—

1908

UNIVERSITÉ DE BORDEAUX

INSTITUT PRATIQUE DE DROIT

Annexé à la Faculté de Droit de Bordeaux

DISCOURS

Prononcé par Me BRAZIER

BATONNIER DE L'ORDRE DES AVOCATS

A L'OUVERTURE DES COURS DE L'ANNÉE SCOLAIRE 1907-1908

BORDEAUX

Y. CADORET, IMPRIMEUR DE L'UNIVERSITÉ

17, RUE POQUELIN-MOLIÈRE, 17

1903

MESSIEURS,

Votre distingué et sympathique directeur a, plus que vous ne pensez, l'amour des exercices pratiques : il y assujettit non seulement les jeunes, mais encore ceux qu'un euphémisme bienveillant appelle : des anciens. Je n'y ai point échappé.

Il y a quatre jours, il me saisissait au Palais et m'imposait, incontinent, la flatteuse obligation de vous faire, sans délai, le lendemain, un discours d'ouverture !

C'était un exercice pratique.... de rapidité. Depuis, sa confraternelle obligeance a bien voulu retarder à aujourd'hui le moment où je devrais subir cette épreuve, particulièrement périlleuse puisque tant d'hommes éminents m'ont précédé ici.

Mais, ni lui, ni vous, ni moi n'avons gagné grand'chose à cet atermoiement. Je ne vous apporte pas un devoir bien fait, un discours d'apparat. Et vous aurez pour moi autant d'indul-

gence que vous désirez en trouver chez vos propres exami-
nateurs.

D'ailleurs, si vous voulez de beaux discours tout embaumés
du parfum des lettres antiques, où le bon goût discipline les
plus spirituelles boutades, où l'art le plus consommé a su
tout régler et tout disposer, sans jamais se montrer, où enfin
l'on peut cueillir à chaque pas ces fleurs charmantes de
l'esprit qui ne veulent éclore que sur les sols soigneusement
cultivés, lisez les œuvres de vos maîtres, orateurs, écrivains,
professeurs.

Je ne puis rien vous apporter de pareil. Et je veux vous
dire, sans apprêt, tout net et tout sec, les quelques idées qui,
après bientôt trente ans de barre, me viennent à la pensée en
voyant votre belle et ardente jeunesse au seuil des carrières
libérales.

Aussi bien, le Bâtonnier est un homme qui, par définition,
tient bureau de bons conseils. C'est peut-être pour cela que
votre directeur a pensé à lui. C'est aussi parce que le Barreau
porte à votre école le plus vif et le plus sympathique intérêt.

Il s'enorgueillit de voir parmi vos professeurs, les plus
distingués et les meilleurs de ses membres.

Il a voulu autant rendre hommage à ceux-ci, que donner
un gage exceptionnel à leurs étudiants, en créant, l'an passé,
« *le prix de l'Ordre des Avocats* », attribué au stagiaire qui,
ayant suivi assidûment les cours de *l'Institut pratique*, aura
paru à ses professeurs le plus méritant.

Le Conseil de l'Ordre ne s'est pas attaché aux succès de
concours : il a voulu récompenser le plus méritant.

Ce sera le plus consciencieux.

Et c'est sur ce mot que je voudrais m'arrêter un instant
avec vous.

C'est qu'en effet, la conscience dans le travail, la conscience dans l'accomplissement de tous ses devoirs professionnels, est le fondement même, la raison d'être et la sauvegarde des professions libérales.

Et par là, je n'entends point cette conscience vulgaire qui est celle de tout honnête homme. J'entends, dans sa plus haute acception, la conscience qui fait le travail opiniâtre et acharné, qui craint d'éviter l'obstacle et le cherche pour le surmonter, qui ne tourne pas la difficulté, mais s'obstine à la vaincre, qui ne se satisfait pas des apparences, mais va au fond des choses, qui lit toutes les pièces d'un dossier, les relit, y réfléchit, ne s'arrête point aux recherches superficielles et aux opinions toutes faites, mais raisonne, cherche, explore, fouille, creuse et pénètre jusqu'aux entrailles mêmes de l'affaire.

C'est, Messieurs, la loi de l'effort qui domine le monde, le monde de l'esprit comme le monde de la matière, l'effort souvent pénible, toujours bienfaisant sans lequel vous ne pouvez rien créer, rien produire, qui seul maintient et développe votre virilité intellectuelle, et sans lequel il n'y a que faiblesse, impuissance et veulerie.

C'est l'effort qui fait l'homme.

C'est l'effort qui fait l'œuvre.

Et l'effort n'est que le produit d'une volonté née dans la conscience.

Vous tous, qui serez magistrats, avocats, avoués, notaires, sentez bien que la conscience est la qualité dominante qui, si elle ne remplace pas toutes les autres, les supplée. Elle vous assurera la confiance et le respect des justiciables et des clients, en même temps qu'elle vous donnera le respect de vous-même, effacera l'amertume des échecs et doublera la la légitime fierté du succès.

Certes, il pourrait être toujours facile à l'avoué de rédiger une requête introductive d'instance, facile au notaire de préparer un contrat, facile à l'avocat de plaider, facile au juge de juger.

Mais alors, quelle détestable besogne !

Voyez ce client qui va exposer à son avoué, avec un désordre ennemi de toute précision, des faits en partie exacts, en partie exagérés ou dénaturés. Qu'il va donc être facile de rédiger une requête en jetant pêle-mêle sur le papier tous ces matériaux...

Combien sera doux le labeur des conclusions écrites d'une main nonchalante, sans rature ni surcharge.

Avec quelle abondance l'avocat, surtout s'il est frotté d'un peu de littérature, saura transmettre au juge les doléances et les réclamations du plaideur. Il aura parlé de l'affaire : il n'aura pas plaidé l'affaire.

Le juge se demande où est le procès.

Peut-être le client, souvent aveugle, s'applaudit que son avocat ait si bien parlé...

Mais voici l'inévitable adversaire... qui se dresse. Celui-là est un consciencieux. Il a tout contrôlé, tout vérifié : il a passé au crible de la plus scrupuleuse critique les assertions et les arguments de son client, contrarié peut-être d'avoir affaire à un avocat qui le contredit toujours. Il a demandé et obtenu toutes les pièces, actes, contrats, documents qui justifient son procès. Il les a soigneusement examinés, vérifiés. Il à constitué et classé son dossier. Les allégations de la partie adverse sont démenties par tel document, dont tout d'abord on ne soupçonnait point l'existence, mais dont l'avocat a su découvrir la trace, en lisant attentivement les pièces inutiles... et qu'il s'est fait remettre.

Il a réfléchi, étudié, pesé, pensé.

Il a pénétré le sens et la raison d'être des textes de loi, et a envisagé les questions voisines.

Après les avoir *vues* dans sa pensée, il a rédigé avec ordre et méthode des conclusions dont il a particulièrement soigné le dispositif.

Il a établi des notes de plaidoirie assez complètes pour le guider sûrement, assez claires pour ne pas l'embrouiller, assez sobres pour ne pas le submerger.

Le voici qui plaide : sa pensée est nette, sa parole est claire, tout s'enchaîne.

Le juge comprend maintenant où est le procès.

L'avocat *consciencieux* épluche maintenant le dossier de *l'avocat facile*. Il met en miettes cette assignation qui n'est qu'un verbiage plein de contradictions et d'inconséquences. Son ironie cruelle, quoique courtoise, s'attaque à ces conclusions, veuves de tout argument et que la lecture à l'audience fait apparaître plus vides, plus inutiles...

Les éloges même que, pour atténuer les coups, il donnerait à la plaidoirie de son adversaire, ne feraient qu'augmenter le trouble et la gêne de celui-ci qui, penché vers l'oreille de son avoué, rejette la responsabilité du tout sur le client qui l'a si mal renseigné...

Je suis bien sûr, Messieurs, que, dans de pareilles conditions, vous ne serez jamais l'avocat du demandeur !

Et ne pourrais-je donc pas poursuivre ce parallèle et pénétrer dans l'étude d'un notaire ?

J'y vois le notaire consciencieux qui ne cède pas au premier caprice du client, mais discute avec lui et tente de le ramener à une notion plus juste et plus exacte du droit de son partenaire !

J'y vois le notaire qui ne se satisfait pas d'appliquer à tous ses actes les formules toutes faites de ses formulaires, comme les réclames des journaux qui guérissent toutes les maladies avec les mêmes drogues ! J'y vois le notaire qui évite les

redites inutiles et par suite dangereuses, qui pénètre le sens des mots et des formules et adapte chaque acte à la situation qu'il doit régler.

Franchirai-je, ô futurs magistrats, le seuil sacré de la chambre du conseil? Vous avez écouté religieusement les plaidoiries, sans sommeil ni distraction, vous avez accordé aux avocats cette attention active que vous devez à ceux qui ont beaucoup et sérieusement travaillé pour vous apporter le résultat et comme la quintessence de leurs méditations et de leurs travaux. Vous êtes jeunes; le soleil, dont les joyeux rayons filtrent à travers les vitres de cette salle maussade, vous attire vers des promenades où tant de séductions vous attendent...

Si vous n'étiez pas des consciencieux, vous auriez une *impression* que vous jetteriez sur le tapis vert de la table des délibérations et vous iriez où le soleil vous appelle. Mais vous avez la conscience. Vous étudierez le dossier, vous contrôlerez la loi et la jurisprudence, vous réfléchirez, vous discuterez et ce ne sera plus une impression, mais une opinion raisonnée et motivée qui jugera le procès. Vous aussi vous aurez fait l'effort, noble et fécond, vous serez joyeux de cet effort et cette joie intime vous fera oublier que le soleil s'est éteint dans la brume du soir et que la promenade est devenue déserte.

Sans doute, me dira-t-on, il est très beau de se donner autant de mal. Mais qui vous en sait gré? à quoi cela sert-il? Qu'importe, si le client est satisfait, puisqu'il se complaît souvent davantage à une plaidoirie longue et diffuse, mais qui le flatte, qu'à une plaidoirie courte et substantielle qu'il ne comprend pas! Qu'importe, puisque la justice absolue n'existe pas, que ce soit l'un ou l'autre qui gagne son procès : il faut toujours qu'il y ait un vainqueur et un vaincu !

Qu'importe? Il importe beaucoup.

En m'adressant à vous, je n'ai pas à insister. Il importe de faire le bien plutôt que le mal. Il importe de faire son devoir plutôt que de le négliger. Vous avez l'esprit et le cœur trop hauts pour ne pas le sentir profondément.

Il y a d'ailleurs, dans nos professions, une question d'honnêteté élémentaire qui nous oblige à être consciencieux. Que diriez-vous d'un chirurgien qui, pour gagner un honoraire, ferait une opération manifestement inutile, ou qui, après avoir ouvert le ventre du patient, le refermerait sans se soucier d'extirper la racine du mal?

Or, le client est un patient. Vous trouverez plus tard peut-être que c'est un patient exigeant, importun, bavard, ingrat. Soit! mais n'oubliez pas *qu'il souffre* et qu'il *vous fait confiance*. Vous lui devez votre pitié, votre bienveillance et votre travail. Il compte sur vous, il ne sait pas; il ne connaît pas les affaires ou les connaît mal, ce qui est pire. Il croit que vous étudiez son procès, que vous l'examinez sous toutes ses faces, qu'il faut suivre vos conseils, et que s'il peut être sauvé, c'est vous qui le sauverez! Et pendant ce temps l'avocat, l'avoué, le notaire indifférents laisseraient au hasard le soin de diriger le litige ou de régler la situation! Le malheureux client, abandonné sans guide et sans défense, se reposerait dans une décevante sécurité, et paierait de sa fortune ou de son honneur, l'inertie, l'indifférence et la paresse de ses défenseurs.

Ne pensez-vous pas qu'il y aurait là un véritable abus de confiance moral?

Cette conscience dans le travail, qui peut n'être qu'un luxe pour l'écrivain, un calcul pour le négociant, un moyen de parvenir pour l'ambitieux, n'est-elle pas le premier des devoirs pour l'homme qui collabore à un titre quelconque à l'œuvre de la justice?

D'autant, qu'il faut bien le dire, le justiciable qui vous demande votre concours, s'il fait parfois appel à votre désintéressement, reconnaît, le plus souvent, vos services par le paiement d'un honoraire. De quel droit l'accepteriez-vous, cet honoraire, si vous n'avez fourni qu'une apparence de travail ?

Et je touche ici, Messieurs, à un point délicat. Quelques-uns n'admettent plus que les professions libérales se distinguent des autres professions. Ils se rient de nos scrupules ou nous accusent de pure hypocrisie quand nous exprimons certains sentiments et certaines règles que je résumerai d'un mot : la *pudeur de l'honoraire.*

Mensonges, dit-on ! votre temps et votre travail ne sont qu'une marchandise, vous donnez la marchandise et vous prenez l'argent — donnant, donnant. — Les professions libérales sont un métier comme les autres, et votre prétendu désintéressement n'est qu'un leurre.

Je voudrais, Messieurs, que de semblables idées ne puissent avoir aucune prise sur vos jeunes esprits; j'éprouve, quand je les entends exprimer, une peine infinie. Elles sont la négation de toute noblesse de pensée, de toute générosité du cœur.

Il est certain que le prêtre vit de l'autel. C'est au moins ce que l'on disait autrefois. Le magistrat, l'avocat, l'avoué, le notaire, doivent vivre de leur profession. Mais, pour eux, le traitement, l'honoraire, la rémunération en un mot, quelque nom qu'on lui donne, n'est pas le but; c'est le moyen.

Quel est le négociant, si honorable soit-il, qui accepterait de donner sa marchandise au lieu de la vendre : ce serait de sa part pure folie. Quel est l'homme d'affaires qui refuse un concours gratuit à l'infortune et au malheur ? Voyez au Palais, ces bureaux de consultations gratuites que préside un ancien et qu'animent de leur zèle généreux de plus jeunes talents. Ne donnent-ils pas largement, sans compter, des conseils souvent laborieux à tous ceux qui se présentent, sans même qu'ils aient à justifier de leur indigence ?

Si vous pouviez pénétrer dans le cabinet du Bâtonnier, vous verriez que chaque jour il désigne des confrères qui plaideront gratuitement des affaires civiles, correctionnelles, criminelles !... Et ces désignations quotidiennes s'appliquent souvent à quinze ou vingt affaires ! Pendant le même temps, les avoués, les notaires, se soumettent aussi sans murmurer aux nécessités de l'assistance judiciaire, donnant leur temps, prêtant leurs clercs...

Mais, entrez avec moi dans une salle d'audience. Voyez avec quelle énergie, quel zèle, quel talent plaide cet avocat : il n'a pas hésité à appeler à son secours la massive pyramide des gros livres qui contiennent doctrine et jurisprudence. Certes s'il s'agissait de son intérêt personnel, il apporterait moins de chaleur ! Derrière lui est assis, inconscient, quelqu'un de ces malheureux, victimes de la vie.

C'est son client. Un client d'assistance judiciaire... Peutêtre il ne lui dira même pas merci.

Vraiment ! cet avocat fait un métier ? Mais alors quel métier sublime !

Oui, sans doute, me dira-t-on : mais ce sont des jeunes ; ils s'essayent, se font la main... Quoi donc ! Ecoutez-les, et vous verrez avec moi, qui en suis fier, que beaucoup d'entre eux sont déjà des maîtres.

Aussi bien, vous ne pouvez pas connaître toutes les infortunes qui viennent s'abriter dans le cabinet des anciens, et beaucoup de sceptiques seraient singulièrement surpris si on leur disait que dans telle grosse affaire, un avocat du premier rang, plaide, par pure charité, tandis que l'avoué a fait, de ses deniers personnels, les frais de la procédure et des imprimés ! Le cas n'est pas si rare !

Et dans toutes les professions auxquelles vous vous destinez, vous trouverez des exemples de ce noble désintéressement que la foule veut ignorer...

Et par là vous comprendrez mieux encore que l'argent n'est pas le *but ;* que le souffle généreux qui anime et vivifie les professions libérales n'est pas, quoi qu'on en dise, le souci de la fortune.

Certes, la question pécuniaire prend, par la force des choses, une importance dans la vie. Mais ce que je voudrais bien mettre en relief, c'est que dans les professions auxquelles vous vous destinez, elle n'est pas et ne doit pas être placée au premier plan. Je ne vous demande pas d'être la dupe des clients. Je vous demande d'être charitable pour les malheureux. Pour les autres, je vous demande de ne pas exagérer dans la fixation de vos honoraires l'importance de vos services ; je vous demande de ne pas réclamer avec insistance, de ne pas poursuivre avec rigueur... quand la poursuite est permise, et bien évidemment je ne m'adresse pas ici aux futurs avocats qui, en matière d'honoraire, ne peuvent jamais ni poursuivre, ni contraindre.

L'intérêt de vos clients doit passer avant toute préoccupation de cet ordre. Et d'ailleurs, vous sentez déjà, et vous comprendrez bien vite qu'il serait indigne et dégradant de proportionner la générosité de l'effort à l'importance de la rémunération, et de doser le travail au poids de l'honoraire.

Quand vous vous êtes donné à une affaire, le client avec ses tares, ses exigences, son ingratitude, disparaît, et il ne reste que le dossier. C'est lui qui s'anime et qui prend vie.

Les feuilles de papier timbré accusent bien vite une physionomie propre, elles portent l'empreinte profonde des passions et des misères humaines.

Ces livres, ces comptes, sont toute l'histoire d'une famille : les chiffres parlent et vous souffrez des angoisses, des chimériques espoirs et des cruelles déceptions de celui-ci ; vous triomphez de voir celui-là parti de rien, armé de sa seule volonté, s'élever graduellement et monter au sommet.

Dans ces vieux contrats de mariage, qu'attache un ruban fané, vous entrevoyez la silhouette de la jeune épouse et vous retrouvez l'écho des fêtes de noces, des joyeux propos et des longues espérances... que brise brusquement, à la pièce suivante, un acte de décès banal et infiniment triste.

Dans ces lettres, jaunies par le temps, vous sentez palpiter l'âme qui, dans l'intimité de son amour, a rempli ces pages de tendres confidences et de douce poésie.

Et tous ces êtres passés revivent devant vous : ils vous disent leurs secrètes pensées, leurs volontés dernières. Ils se révoltent de l'outrage que fait subir à leur mémoire la cupidité de collatéraux détestés. Ils vous supplient de faire respecter le vœu de leur cœur, la volonté de leur esprit.

C'est pour eux que vous allez à l'audience, lutter contre un adversaire qui ne les a pas entendus, qui ne les a pas connus, qui n'a pas senti le frôlement de leurs douces âmes de trépassés.

Et c'est avec votre talent, votre esprit, votre cœur, avec le meilleur de vous-même que vous vous jetez dans la lutte ardente pour faire triompher la vérité qui vous éclaire !

Où donc est le souci de l'honoraire ?

Dans quel repli profond de votre cœur s'est-il caché... et s'il reparaissait ne viendrait-il pas, de son contact grossier, éteindre cette flamme et déshonorer cette ardeur ?

Pour ceux-là même qui, en entrant au Palais, songeraient

seulement au profit qu'ils peuvent retirer, ils s'apercevraient bien vite que, dans l'exercice loyal de leur profession, la préoccupation de l'honoraire est effacée par la préoccupation du procès et par les nobles enthousiasmes.

Aussi, Messieurs, ayez la fierté de vos professions, gardez-en fidèlement les vieilles traditions, et, pour rester hommes d'honneur, soyez des hommes consciencieux.

Pardonnez-moi de vous avoir donné ces conseils : ils étaient inutiles, car regardez autour de vous, vous avez bien mieux : vous avez partout l'Exemple.

30.772. — Bordeaux, Y. Cadoret, impr., rue Poquelin-Molière, 17.

www.ingramcontent.com/pod-product-compliance
Lightning Source LLC
Chambersburg PA
CBHW050501210326
41520CB00019B/6307